AF496222

HONNEURS funèbres, rendus au général JOUBERT par les citoyens de son département, qui se sont trouvés à Paris, en fructidor, an 7.

LE 19 fructidor, an 7 de la république française, à six heures du soir, les citoyens du département de l'Ain, se trouvant à Paris, convoqués par la députation du même département, au *Musæum* des antiques, rue des Petits-Augustins, et réunis en la salle du dix-septième siècle, le citoyen Riboud, membre du conseil des cinq-cents, placé auprès du mausolée de Turenne, a prononcé le discours suivant :

CITOYENS,

Il n'est plus ce brave et généreux guerrier qui conduisit souvent les français à la victoire ! la patrie déplore la perte d'un de ses plus illustres défenseurs, la république celle d'un de ses plus fermes appuis..... Les champs ensanglantés de Novi ont vu tomber Joubert...! Six lustres à peine écoulés le promettoient encore pour long-tems à la France ! Il n'est plus... L'arbre des tombeaux s'est élevé près de celui de la gloire, le funèbre cyprès s'est mêlé au laurier, il a étouffé le tendre myrthe !

Le 28 thermidor, pour la dernière fois, l'astre du jour se leva pour Joubert ; le 28 thermidor, ses dernières pensées furent pour son pays, ses dernières paroles appeloient la victoire, ses derniers mouvemens en indiquoient le chemin....

A

La république entière lui donne des regrets ; nous les partageons tous comme citoyens. Mais nous, ses compatriotes, nous les témoins de ses premières années, nous, qui avons vu ses premières armes dans nos bataillons, un sentiment de plus nous réunit ; nous devons attacher quelques fleurs à sa couronne !

En abordant cette intéressante enceinte (1), en considérant le motif qui nous y rassemble, quel saisissement s'empare de nos ames ? qui de nous n'éprouve une impression profonde et touchante ? quel sentiment de vénération et de grandeur ne nous pénètre pas, quand nous songeons que nous sommes devant le tombeau de Turenne... ; quand nous pensons que nous sommes en présence de l'ombre auguste d'un général immortel et d'un grand homme !

Donner des larmes à Joubert dans un lieu où tout bon français en verse encore pour Turenne, après un siècle ; y prononcer son nom, c'est en faire le plus bel éloge !

Je pourrois, je devrois peut-être m'arrêter en ce moment.... Mais vous le savez, citoyens, la douleur aime à s'entretenir de ce qui en est l'objet, elle aime à se nourrir de souvenirs précieux ; ils sont un besoin pour les ames sensibles.

Joubert appartient à l'histoire de la révolution : déjà ses crayons se préparent, déjà des renseignemens se recueillent près de ses amis et de ses compagnons d'armes ; (2) d'autres mains traceront bien-

----

(1) La salle où est placé le tombeau de Turenne, au Musée des monumens français.

(2) Une lettre détaillée vient d'être écrite officiellement, pour les rassembler.

tôt d'une manière plus complette ou plus brillante le tableau de sa vie et de ses actions : le tems ne nous permet qu'une esquisse ; mais elle suffira pour montrer en lui les talens militaires unis aux vertus civiles.

Né à Pont-de-Vaux, en 1769, Joubert reçut d'un père estimable le bienfait des bons exemples ; il puisa près de lui ces principes de justice et de raison, sans lesquels on ne peut jamais être heureux, ni en faire d'autres. Après une éducation dans laquelle se développa son goût pour l'instruction, il fut destiné au barreau : cette aride et fastidieuse carrière auroit bientôt été abandonnée si elle ne lui eut offert la perspective d'être un jour utile aux opprimés. En peu de tems, la lecture et la réflexion développèrent en lui cette ame forte, ces idées libérales qui disposent l'homme aux grandes choses. La révolution commence ; Joubert avoit vingt ans : à cet âge, où le tumulte des passions nous entraîne si souvent vers le plaisir ou l'erreur, toutes ses affections, toutes ses pensées se dirigèrent vers la liberté. Il la portoit dans son cœur ; il voyoit en elle la source de toute prospérité publique et particulière. Il en devint l'invariable ami, mais il en prit des idées justes et précises ; il prononça dès-lors, il a toujours tenu le serment de haine à *toute tyrannie*.

Les événemens de 1789 avoient électrisé son ame : placé à une égale distance du besoin et de la richesse, ne craignant pas l'un, pouvant se passer de l'autre, il se trouvoit dans une heureuse indépendance ; son opinion étoit donc le fruit du sentiment et de la conviction, et son patriotisme devoit être aussi pur qu'inébranlable.

Le moment d'en donner des preuves arrive ; l'orage, long-tems concentré éclate., l'aigle d'Autriche menace la liberté : déjà les étendards sont déployés au nord de la France et sur le Rhin, des bataillons germains et français sont en présence..... Le cliquetis des armes, l'appareil guerrier, le bruit de l'airain meurtrier, annoncent le carnage et la mort.... Bientôt la tempête menace des contrées paisibles ; les glaces des Alpes vénérables vont bientôt réfléchir l'image du fer homicide ; le silence de ces lieux solitaires va être troublé par les cris des combattans ; le piémontais a passé les monts, il porte ses regards jaloux sur les pays où jadis il domina (1).

Un appel est fait à la jeunesse de l'Ain ; Joubert vole à sa voix, il est aux premiers rangs. Pourrois-je omettre de vous le rappeler sous le respectable habit de grenadier français ! de vous montrer en lui un modèle de subordination et d'exactitude, de vous parler de sa conduite laborieuse et retirée, de son zèle pour la discipline ; de vous le présenter uniquement occupé de son service, étudiant son nouvel état, sachant obéir pour apprendre à commander. Le génie de la révolution marquoit alors des généraux dans la foule ; il créoit des hommes qui devoient lutter un jour avec les plus grands capitaines de l'Europe étonnée, les vaincre, et laisser au monde un mémorable exemple de ce que peut enfanter l'amour de la liberté : ce génie ne pouvoit oublier Joubert.

Elevé par son mérite seul, la forme de son avan-

______

(1) La Bresse et le Bugey, formant aujord'hui le département de l'Ain, faisoient partie des états de Savoie et furent réunis à la France par le traité de 1601.

eement et le genre de sa mort suffiroient pour une honorable histoire : nous voudrions pouvoir vous le montrer de grade en grade, d'actions en actions. Obligés de nous borner, rappelons-nous qu'il déploya constamment le même zèle, le même talent, le même courage ; que par-tout il manifesta le sang-froid uni à l intelligence, la justesse du coup-d'œil à la rapidité de l'exécution.

Suivons - le un instant dans les brillantes campagnes de Buonaparte en Italie, dans les ans 4 et 5, nous le verrons d'abord à *Millesimo* attaquer impétueusement les retranchemens ennemis, à la tête d'une colonne : il y étoit déjà entré avec sept hommes, lorsqu'il fut frappé d'une balle ; les siens Germinal an 4. le crurent mort, ils cédèrent momentanément ; mais la victoire resta complètement aux français.

Peu de jours après, le camp retranché et la ville 26 Id. de Céva cédèrent à sa valeur : il étoit général de brigade.

Depuis le passage du Mincio, les ennemis se for- 17 messidor. tifioient dans les gorges du Tyrol, des retranche- mens construits avec des peines infinies s'étendoient du lac de Guarda jusqu'à l'Adige : Joubert reçoit ordre de les attaquer par la *Bochetta di Campion* ; l ennemi est culbuté, il perd ses retranchemens, ses tentes et beaucoup d'hommes.

Devenu général de division, il repousse à *Mon-* Nivôse an 5. *tebaldo* l'ennemi avec une perte considérable.

A la fameuse bataille de Rivoli, il eut une grande 25 et 26 niv. part à la victoire qui fut complète. A Avio, il bat l'autrichien et le pousse dans les gorges du Tyrol ; 8 pluviôse. il l'attaque dans sa position retranchée derrière le lavis, le défait et le pousse jusqu'à Saint-Michel.

C'est dans le Tyrol qu'il développa de rares ta- lens : enfoncé avec sa division dans ce pays montueux et difficile, isolé du reste de l'armée, au milieu d'un peuple aguerri , toutes les chances étoient contre lui ; mais la prudence et l'habileté le sauvèrent. Il ménagea les préjugés des habitans , il observa leurs mœurs, leurs habitudes , et reconnut que les ministres de la religion avoient une grande influence ; il eut l'art d'en engager plusieurs à éclairer leurs concitoyens, à prêcher la paix, l'union, la fraternité. Quelques-uns le secondèrent ; d'autres le promirent et ne le firent pas ; Joubert le sut et ne le témoigna point ; mais il leur donna des successeurs sur lesquels il pouvoit compter. Bientôt des dispositions plus favorables se développèrent en faveur des français ; on cessa de les harceler , ils reçurent même des secours. Cette conduite prépara à Joubert la réussite des opérations à la suite desquelles il força le Tyrol en présence de l'ennemi, et se réunit à l'armée qui pleuroit déjà sa perte.

Arrivé au quartier-général , il se présente chez Buonaparte. La sentinelle avoit la consigne de ne laisser entrer personne ; la porte est refusée à Joubert ; il veut passer, la sentinelle insiste , Joubert force le passage ; la sentinelle le poursuit jusques dans le cabinet du général en chef, occupé alors de ses plans et de ses travaux , et se plaint de la violence qui vient de lui être faite. Buonaparte reconnoît Joubert, le serre dans ses bras et dit au soldat étonné : *vas , républicain* , le brave Joubert *qui a forcé le Tyrol a bien pu forcer ta consigne.* A ce nom, le soldat veut s'excuser. " Tu as fait ton devoir, répond Joubert, c'est moi qui ai violé ta consigne , le général en chef me punira, s'il n'approuve pas mon empressement, tu ne mérites que des éloges ".

Le héros de l'Italie se connoissoit en hommes, son estime et son amitié seront toujours un des

plus honorables titres pour celui qui les obtint.
Toi dont le nom seul étoit la terreur de nos
ennemis, guerrier humain et philosophe, ami
éclairé des sciences et des arts, homme à jamais
célèbre par ton génie comme par tes exploits,
Buonaparte, si tu étois parmi nous Joubert seroit
peut-être encore! chef illustre, ou peut-être victime
infortunée d'une expédition que la postérité seule
pourra bien juger, toi qui rends, au milieu des
combats, la civilisation et les lumières à des peuples abrutis par l'ignorance, toi qui, projetté loin
de ta patrie sur une terre dévorante, environné
d'ennemis ou de nations errantes et féroces, fais
trembler l'Orient et l'Inde, toi qui parles peut-
être souvent de Joubert à cette armée dont rien
n'égale le courage, si ce n'est sa résignation et ses
souffrances; lorsque la patrie te voyoit avec inquié-
tude t'éloigner de nos rivages, tu répondis : *Je
vous laisse Joubert*........ Ce mot seul devoit fixer sa
réputation ; elle a mérité de l'être.

En l'an 6 il est choisi pour aller commander en
Hollande : il s'y trouve dans des circonstances
délicates ; au milieu du choc des passions et
des intérêts divers, il est facile à un étranger
d'être trompé ou de faire de fausses démarches.....
Joubert sut éviter l'un et l'autre, sa circonspection
égala sa vigilance ; de grands maux pouvoient
éclorre, mais il sut maintenir la tranquillité publique malgré les agitations ; et le territoire batave,
qui pouvoit être inondé de sang, ne le vit point
couler !

Nommé peu de tems après pour commander en
chef l'armée d'Italie, il revoit cette belle partie de
l'Europe qui retentissoit encore du bruit de ses
exploits ; il embrasse ses frères d'armes, il retrouve

cette armée qui avoit l'habitude de la victoire. Que d'observations douloureuses troublèrent bientôt une si douce jouissance !

Elle n'avoit pas alors des autrichiens à combattre, mais des ennemis plus dangereux l'attaquoient de toutes parts ; ils s'engraissoient de sa substance ; ils transformoient ce colosse puissant en un squelette décharné. La liberté sembloit un présent fatal à nos alliés ; livrés à toutes les concussions, ils voyoient des vampires se partager leurs dépouilles, et insulter à leur misère......

A tant de maux se joignoient ceux qu'entraîne un gouvernement nouveau dont les passions abusent en tous sens : l'ambition, l'esprit de parti, l'absence de l'ordre, l'exaspération des esprits le rendoient foible, vacillant, lui donnoient des symptômes de dissolution. Le directoire français voulut y remédier par des moyens extraordinaires et épuratoires ; mais les succès étoient incertains, ils n'étoient point conformes au pacte souscrit sous les auspices du héros de l'Italie : le tems de renoncer à son ouvrage ne paroissoit point encore arrivé. Joubert à portée de bien voir et de tout peser, prévit les inconvéniens qui pouvoient en résulter, soit pour l'Italie, soit pour la France elle-même ; il fut convaincu que les changemens ne produiroient pas l'effet qu'on sembloit en attendre, et il ne voulut point y prendre part.

Ses vues se tournèrent vers la réforme des abus qui dévoroient l'Italie et son armée...... Mais hélas ! il connoissoit mal les ressources de la cupidité ; son ame droite et pure ignoroit que l'intérêt est un protée, qu'il échappe toujours aux recherches de la bonne-foi ! Il attaque donc de front ses phalanges dévastatrices ; mais celui qui avoit vaincu les autri-

chiens ne put vaincre les dilapidateurs ? ils semè-
rent adroitement les défiances ; ils divisèrent ceux
dont le concours auroit pu les démasquer ; ils an-
nullèrent tous les efforts. Joubert après une lutte
inutile , dégoûté soit par la situation politique de
la Cisalpine , soit par les manœuvres de ceux aux-
quels son austère probité étoit incommode , vouloit en aller gémir dans la retraite.

Dans le même tems, les lenteurs du con-
grès de Rastadt, les intrigues de l'Angleterre , les
préparatifs de la cour de Vienne présageoient une
rupture. Le roi de Naples brisa le premier les liens
qui l'unissoient à la France , mais bientôt le grand
nombre céda au courage , son trône s'écroula
devant Championnet; et Ferdinand fugitif , aban-
do né , fut chercher un asyle à Palerme.

D'un autre côté, des motifs de défiance ré-
gnoient en France contre la sincérité des cours
de Turin et de Florence : elles ne pouvoient être
indifférentes à se qui passoit en Italie. On sentit
que si , pendant l'explosion napolitaine au midi,
les autrichiens venoient à déboucher par les gri-
sons , le Tirol et Venise, que si dans le même tems
ils étoient secondés par une attaque de la part de
la Toscane , les français peu nombreux et épars
en Italie , couroient le risque d'avoir toute retraite coupée par le roi de Sardaigne; qu'un grand
danger les menaçoit , et qu'il falloit de grands
moyens pour les prévenir.

Joubert, persuadé de la nécessité et de l'extrême
urgence des précautions à prendre, fait ses dispositions avec autant d'intelligence que de secret......
Au même jour diverses colonnes entrent en Piémont; bientôt Turin , le roi lui-même sont au
pouvoir des français.

B

La manière dont cette expédition fut concertée, sa rapidité, son ensemble, son exécution sans verser une goutte de sang suffiroient pour assigner une réputation distinguée à Joubert.

C'est vers cette époque qu'il commençoit à prévoir ce qui nécessiteroit le 30 prairial en France; il considéroit notre affoiblissement militaire, une imprévoyance fatale, le désordre et l'abandon dans diverses parties; il voyoit une guerre imprudemment commencée, une coalition nouvelle qu'on auroit dû prévoir, des puissances amies aliénées, des finances épuisées, un corps législatif dans la nullité. Il reconnut qu'il ne pouvoit plus faire le bien, et que la retraite étoit une preuve de courage et de dévouement qu'il devoit à sa patrie.... Il ne balança pas........ Sa démission est offerte et refusée; il insiste, on refuse encore.. ..

Ceux qui vouloient l'éloigner, le connoissoient bien; ils avoient prévu ce qui arriveroit entre le directoire exécutif et lui; ils savoient que les abus continueroient, et que Joubert tiendroit à sa résolution : il y tint en effet, et rentra modestement dans ses foyers. Sans reproche, comme sans ambition, il vint passer, au milieu des siens, des jours sereins et paisibles. C'est alors que ses amis, que ses concitoyens eurent occasion de connoître de plus en plus son caractète sincère et franc; c'est alors qu'il fut particulièrement dans le cas d'observer l'esprit du département de l'Ain, qu'il le reconnut généralement bon et attaché à la constitution. Il vit, que comme ailleurs, il pouvoit exister quelques points extrêmes, mais qu'ils étoient rares et impuissans; que l'amour de la patrie y anime les citoyens; que les lois y étoient respectées exécutées; que rien n'étoit plus facile enfin que d'y faire le bien. C'est en parlant de lui devant ses concitoyens que l'on doit s'empresser de publier ici la justice qu'il a rendu à son département : cet intéressant suffrage ne peut qu'y donner une nouvelle énergie aux sentimens patriotiques , y exciter de plus en plus au dévouement, et en être une récompense comme un garant.

Dans la vie privée , Joubert faisoit admirer comme dans les camps, les vertus du simple citoyen ; il y montroit cette simplicité de mœurs, cette frugalité , cette cordialité qui assurent l'estime et gagnent les cœurs. Ennemi du tumulte et de l'éclat, l'ostentation lui étoit insupportable ; connoissant le prix du tems , il ne le prodiguoit jamais inutilement. Son repos étoit, non dans l'inertie ou la dissipation , mais dans le changement d'occupations ; à l'armée, il ne souffroit jamais des jeux de hasard à son quartier-général, ni qu'on y fît des orgies ; aussi évitoit-il autant qu'il étoit possible de le placer dans les villes. Après le repas, il faisoit avec son état-major des courses et autres exercices propres à fortifier le corps, et bientôt après il retournoit au travail.

Mais parmi les qualités qui le distinguoient, celles qui ne sauroient être trop remarquées étoient cette défiance de soi-même , qui le fit long-tems balancer pour l'acceptation d'un commandement en chef , cette modestie rare qui double le mérite des belles actions, sans exclure l'amour de la gloire. Un militaire, un général ne peuvent y être insensibles ; elle produit les grandes choses, et l'homme qu'elle ne touche point, ne sera jamais qu'un homme ordinaire. Elle enflamme les cœurs, anime le génie et le courage ; elle est le germe des vertus et des succès en tous genres. Ce noble sentiment régnoit sans doute dans l'ame de Joubert ; c'est ce sentiment qui l'avoit créé..... Mais il ne le confondit jamais avec l'orgueil, jamais il ne lui fit oublier l'humanité. Il partageoit les peines du soldat, et vouloit que le soldat partageât ses avantages ; toujours il s'occupoit de son armée avant de s'occuper de lui-même : aussi en étoit-il tendrement chéri ; aussi en a-t-elle donné des preuves, par l'acharnement et l'ardeur incroyables avec lesquels elle vengea sa mort sur les bataillons ennemis.

Autant il étoit obligeant et bon, quand il il pouvoit écouter son cœur, autant il étoit inflexible, lorsque la loi commandoit : devant elle, il ne connoissoit plus les personnes, il n'avoit plus d'amis ; et sa sévère impartialité ne cédoit à aucune considération. Aussi jamais la faveur ou l'intrigue n'eurent d'accès près de lui. Une femme aimable lui proposoit, il y a peu de tems, un jeune homme menacé de la conscription, dont l'extérieur annonçoit l'élégance et le genre de conquêtes ; « si j'étois une jeune et jolie femme, répondit Joubert, je prendrois votre protégé pour aide-de-camp ; mais je ne veux pas me faire une querelle avec les graces, en leur enlevant leur favori ».

Le désintéressement étoit si naturel en lui, qu'il ne comprenoit pas comment on rangeoit au nombre des vertus, ce qu'il regardoit comme un devoir étroit. Il faisoit si peu de cas des richesses, que bien loin d'avoir augmenté sa fortune, il a au contraire diminué celle de son père. Après son expédition du Piémont le roi Emmanuel lui offre des tableaux précieux : « *Nous serions tous deux coupables*, lui répond-il avec dignité, *vous en me les offrant, et moi en les acceptant* ».

Joubert pouvoit attirer la fortune comme la

gloire , mais il la dédaigna pour lui-même , sans la censurer dans les autres , quand la source en étoit pure. Tout son mépris , toute son indignation étoient réservés pour ces ames de métal qui n'estiment que l'or , pour ces hommes pervers qui exploitent la misère publique , pour ces êtres immoraux et corrompus , qui ne connoissent ni bonne-foi ni justice , et qui insultent au malheur !

Depuis la retraite de Joubert , l'armée d'Italie se trouvoit livrée à des mains incertaines ou coupables ; les revers se succédoient , la liberté échappoit à ces belles contrées. Conduit à Paris par diverses circonstances , il voit de près l'étendue de nos maux : de nombreuses et grandes fautes , des opérations mal combinées , une insouciance funeste , des dilapidations impunies , des finances épuisées , nous avoient amené sur les bords de l'abyme. Le 30 prairial nous en écarte , Joubert applaudit à cette journée ; un rayon d'espoir paroît , et la patrie sera sauvée , si les français le savent et le veulent.

Faisons tourner cette crise au profit de la république seule : éclairés par le passé , faisons taire les passions , fermons les plaies de l'état, ne les déchirons pas. Guerre aux abus..... mais non guerre aux personnes : que la discorde cesse d'agiter ses brandons funestes , que l'union vienne enfin ramener le calme , que la confiance soit établie par la raison et la justice , et bientôt l'aurore de jours plus heureux se levera pour la France !

Joubert est chargé du commandement de la dix-septième division dans ces momens difficiles : la tranquillité de Paris n'est point troublee , il y coopère par ses soins et sa prudence , et l'on ne s'apperçoit de la secousse qui vient d'avoir lieu que par le bien qui peut en résulter.

Cependant la patrie réclamoit impatiemment ses services. L'Italie l'attendoit, et l'Italie devoit être le théâtre de sa gloire et son tombeau ! il faut partir..... il faut briser des nœuds à peine formés..... Quelques jours de bonheur sont à peine écoulés..... Joubert voit les larmes d'une aimable et jeune épouse ; son cœur est oppressé, mais le devoir commande, mais la voix de la patrie se fait entendre..... il s'arrache des bras de l'hymen et se précipite dans ceux de Mars !

Il revoit les bords liguriens, il revoit ses anciens amis, ses braves frères d'armes ; il revoit ce général dont la place est marquée dans l'histoire, et les dispositions sont bientôt concertées.

Joubert ne veut pas combattre sans Moreau, et Moreau ne veut pas quitter Joubert sans combattre avec lui. Qu'ils ont été grands l'un et l'autre en cette occasion ! qu'ils se sont montrés dignes émules en modestie, en générosité, en dévouement !

Mais la trompette guerrière se fait entendre, le bruit du canon remplit les airs, les cohortes du Nord s'ébranlent, le cri *aux armes* ! retentit de toutes parts.... Joubert, en le répétant, jette les yeux sur le portrait de celle qui lui fut unie un mois auparavant ; cette image chérie reçoit un baiser, la patrie reçoit un serment..., Le torrent s'avance sur les français avec l'impétuosité de la foudre.... L'ange de la mort plane sur les champs de Novi, le sang humain coule..., La liberté double le courage de nos guerriers.... Joubert les anime ; quatre fois l'ennemi est repoussé ; la terre est couverte de ses morts ! La victoire nous sourit un instant ; lorsque la fortune jalouse dirigeant l'instrument du carnage, le plomb meurtrier part, et Joubert est atteint.... Il tombe.... *Marchez toujours*, s'écrie-t-il expirant sur *le lit d'honneur*.... Sa voix s'éteint bientôt ; mais la pensée lui reste... Une main affoiblie est son dernier interprète... Un instant après, ses yeux sont fermés pour jamais.... Joubert n'existe plus !

Braves guerriers de l'armée d'Italie qui le retrouverez en Championnet, héros d'Helvétie qui le voyez en Masséna, républicains du Rhin qui le suivrez sous Moreau, vous tous enfin généraux et soldats qui combattez pour la même cause, vous français pour lesquels il versa son sang, cessez des regrets désormais superflus, le 28 thermidor fut le jour de son triomphe ! il mourut pour son pays....

Et vous, habitans du département de l'Ain, dont quelques-uns de vos frères expriment aujourd'hui les sentimens à Paris, vous qui serez dépositaires des restes de Joubert, vous qui sans grandes cités, sans commerce, sans population nombreuse, avez donné à la patrie trente mille hommes et plusieurs généraux, depuis le commencement de la guerre, vous qui n'avez jamais compté vos privations pour venir au secours de nos braves défenseurs, en Helvétie et dans les Alpes, continuez à rendre à la mémoire de Joubert un hommage digne de lui. Que la vue de ce précieux dépôt excite dans vos ames un nouvel enthousiasme ; que l'amour de la patrie et de la liberté vous pénètrent de plus en plus !

Redoublez d'efforts et de sacrifices pour la constitution de l'an 3 : Joubert étoit une de ses colonnes ; avec des hommes comme lui, la république seroit impérissable......... Ils sauroient la faire aimer et la défendre. Continuez, citoyens de l'Ain, à y travailler par cette religieuse observation des lois , par ce dévouement patriotique dont vous avez donné tant d'exemples. Écartez de vous les orages et l'esprit de parti ; que l'ombre de Joubert habite paisiblement dans nos contrées ; qu'elle y entretienne cette concorde précieuse , sans laquelle il n'est de bonheur pour personne !

Peu éloignés du théâtre de la guerre , encouragez , excitez de plus en plus vos défenseurs et ceux de la patrie ; montrez - leur le modèle que Pont-de-Vaux leur a fourni .... Montrez-leur le monument de Joubert , ils s'attendriront et voleront à l'ennemi..... Parlez-leur de sa conduite et de son courage , leur énergie républicaine prendra de nouvelles forces !

Belle et malheureuse Italie ! toi qui fus si souvent témoin de la valeur française , terre célèbre qui reçus les derniers soupirs de Bayard , inscris , comme nous , le nom de Joubert à côté du sien ; tous deux ils moururent en héros , tous deux ils vécurent *sans peur et sans reproche*........ et vous , mânes immortels de Turenne , accueillez ceux de Joubert : en suivant les traces de ce grand capitaine , il parcourut une carrière trop courte , et comme lui il trouva la mort sur le champ de bataille.

Ce discours vivement applaudi a été suivi de celui prononcé par le citoyen Sonthonax , ex-législateur, dont la teneur suit :

ELOGE funèbre du général JOUBERT, prononcé dans la salle du tombeau de Turenne, aux ci-devant Petits-Augustins, le 19 fructidor an 7, par Léger-Félicité SONTHONAX.

« Tout ce qui nous entoure, tout ce qui frappe nos regards, dans cette enceinte, nous rappelle d'intéressans souvenirs.... Ces débris de tant de siècles, ces statues, ces mausolées par lesquels le génie des arts a voulu relever la triste pompe de la mort ; tant de lugubres objets augmenteroient notre douleur, si elle n'étoit point à son comble. Là, vous voyez les urnes funéraires, les derniers restes de sages qui ont éclairé le monde, de guerriers qui ont défendu leur pays ; mais à côté de ces monumens augustes, se trouvent aussi les cercueils de ces rois qui ont sacrifié les peuples à leur cruelle ambition, qui se sont impitoyablement baignés dans le sang des hommes courageux qui résistoient à leurs sinistres projets. Ici, comme dans le monde, la véritable vertu n'occupe qu'une foible place, et le vice, et la perversité, et la tyrannie, après avoir désolé la terre, usurpent encore des hommages et des autels.

» Quel lieu plus convenable cependant pouvoit-on choisir pour la solemnité qui nous rassemble ! Nous pleurons un guerrier, et les cendres d'une foule de guerriers sont réunies autour de nous. Nous gémissons sur la destinée d'un héros, moissonné dans les champs de l'honneur ; et nos regards se portent sur les tombeaux des *Fabert*, des *Turenne*, des *Catinat*, dont Joubert eut les talens, le courage et les vertus.

» Il n'est plus ! ce vaillant capitaine, l'effroi des barbares, l'appui de la France, le soutien de l'Italie, la terreur des royalistes, l'espoir des républicains. Sa mort a répandu la consternation dans toutes les ames ; tous les amis de la république pleurent sur cette immense perte. Il n'est plus ! cet homme si pur au milieu d'un siècle corrompu, si modeste au sein de la gloire ; ce chef supérieur qui conservoit au premier rang l'innocence de mœurs des guerriers antiques, le désintéressement des *Bayard*, des *Duguesclin*, et le courage déterminé du plus intrépide soldat.

» Notre désespoir seroit moins amer, notre abattement moins profond, si en pleurant la vertu, l'héroïsme, le souvenir des plus atroces trahisons ne venoit pas ulcérer nos cœurs, si les revers qui ont amené la mort de l'homme illustre qui cause nos regrets n'en étoient pas le triste résultat.

» Ennemis de la France, vous triomphez ; mais qu'ils sont peu glorieux ces triomphes que le crime vous préparoit depuis trop long-tems ! ces avantages obtenus sur un peuple lâchement livré à ses rivaux par l'autorité qui devoit le défendre !

» Il fut un tems pour nous où l'héroïsme étoit si commun, qu'à peine croyoit-on devoir l'admirer. Mais depuis que la corruption a étendu ses funestes ravages, les vertus républicaines, naguère si familières aux français, ont presque disparu. L'égoïsme, la cupidité, la soif du pouvoir ont étouffé dans les ames les sentimens nobles, les passions généreuses. Quel funeste génie arrêta le cours de nos brillantes destinées ? Quels hommes à-la-fois insensés et féroces plongèrent leur pays

dans un abyme de malheurs , livrèrent nos conquêtes , sacrifièrent nos soldats , firent un crime
de la valeur et du patriotisme , abandonnèrent le
prix du sang des héros au brigandage , à la scélé-
ratesse. Ah ! puisqu'il faut rappeler cette longue
suite de trahisons , tâchons d'en adoucir le tableau par le magnifique souvenir des nos an-
ciennes prospérités. Opposons les vertus de douze
cent mille braves aux crimes de quelques traîtres ;
le dévouement , l'ardeur d'une nation presque
toute entière , à la lâcheté , à l'incivisme , à l'im-
moralité profonde de quelques individus que le
malheur des tems , que le génie des factions avoient
porté aux premières magistratures , eux qui étoient
même indignes des plus obscurs emplois.

« Le plus étonnant des spectacles s'offroit aux
yeux de l'univers, une nation, au milieu des agitations inséparables d'une grande révolution , atta-
quée par toute l'Europe sur ses frontières , dans
l'intérieur par des enfans rebelles et ingrats , étoit
par-tout victorieuse. Les phalanges les plus aguer-
ries , les militaires formés par le grand Frédéric
cédoient à des soldats d'un jour , entraînés par
l'enthousiasme , et conduits par le génie de la
liberté. Il n'y avoit pour eux , ni places impré-
nables, ni armées invincibles ; la nature leur op-
posoit envain des fleuves, des montagnes inac-
cessibles , des rochers couverts de frimats , des
climats inhospitaliers, rien ne pouvoit enchaîner
leur courage.

« Nos ennemis étoient dirigés par ces politiques
profonds , qui avoient acquis par l'expérience
une connoissance sûre des passions humaines , par
ces hommes qui , du fond de leur cabinet , dé-
cidoient des intérêts des états , mettoient l'Europe

en mouvement, en changeoient les destinées. A la tête de ces génies dangereux brilloit sur-tout le fils de *Chatam*, ce ministre pervers, et jusqu'ici si heureux, qui sut dompter un peuple long-tems indomptable, qui sut lui ravir cette liberté dont le premier il connut les précieux avantages, pour laquelle il combattit durant plusieurs siècles. Doué d'un cœur féroce, il ne connoît pas plus la pitié que la justice, pas plus les droits des nations que ceux de l'humanité. On l'a vu attiser la guerre civile, payer la trahison, encourager le meurtre et le brigandage, accueillir les rebelles fugitifs, diriger leur bras contre leur pays, et les abandonner ensuite à une mort inévitable. Il eut l'horrible secret de profiter de tous nos mouvemens; tantôt ses émissaires poussèrent les ames ardentes à l'exagération, tantôt il employa contre les républicains, et les fureurs du royalisme, et le faux zèle de l'esprit religieux. Il sut communiquer l'alarme à tous les cabinets de l'Europe, et changer en ennemis nos plus fidèles alliés. A ses yeux la neutralité fut un crime; quiconque n'étoit pas l'ennemi de la France, étoit celui de l'Angleterre.

„ Cependant, malgré tant de puissances liguées, nous triomphions de toutes parts. La Belgique, livrée par d'indignes manœuvres, avoit vu pour la seconde fois des conquérants, ou plutôt des libérateurs. Nos guerriers avoient franchi le Rhin, et ce passage tant vanté par les panégyristes de Louis XIV, paroissoit à peine aux yeux des français républicains une action digne de quelqu'éclat. Au milieu des glaces du plus terrible hiver, nous avions reporté la liberté au batave si grand, lorsqu'il combattoit Philippe II, lorsqu'il rendoit les deux mondes tributaires de son inépuisable industrie;

mais si imprévoyant, si peu politique, lorsqu'il investit ses capitaines-généraux d'une dictature inamovible et héréditaire.

,, Un nouveau théâtre s'ouvrit à la valeur française en Italie ; ce séjour de tant de merveilles, cette terre natale de l'esprit et du génie. C'est principalement dans cette contrée que s'est distingué le héros que nous pleurons. C'est-là qu'il déploya, non-seulement des vertus militaires, mais encore celles qui caractérisent le vrai républicain. Simplicité, modestie, frugalité, courage à supporter les travaux comme l'intempérie des saisons, esprit d'égalité, haine absolue contre toute espèce d'oppression, résistance au despotisme, tels sont les qualités qu'il fit admirer. Sa carrière militaire a commencé avec la révolution ; il étoit simple grenadier la première année de la guerre. Son avancement dans les divers grades fut toujours le prix de quelque trait de courage, de quelque action d'éclat, où la prudence, un jugement solide, une véritable force de tête avoient toujours présidé. La valeur personnelle, l'intrépidité dans le danger suffisent à un soldat ; mais il faut d'autres qualités à l'officier supérieur. Ainsi, les poètes ont fait de Minerve la déesse de la guerre, comme pour faire sentir combien il nécessaire que le courage soit dirigé par les lumières de l'esprit.

,, Au milieu du déréglement général Joubert sut conserver l'austérité d'un républicain ; il savoit que la gloire d'un grand capitaine ne consiste pas dans la pompe des festins, dans la magnificence des équipages ; mais dans le nombre des trophées, dans l'affection des soldats, et dans l'estime et la vénération publiques. Laissons le luxe aux barbares, les guerriers des nations éclairées doivent le dédaigner dans les camps comme un moyen de corruption. Darius traînoit à sa suite des chars superbes, de riches vêtemens, et Darius fut vaincu par le héros de Macédoine qui alloit souvent à pied comme le dernier des soldats. Les légions de Pompée défendoient la bonne cause ; mais le faste régnoit dans son camp, il y avoit transporté la molesse de Rome, et il fut vaincu par ce César, qui quoique le plus corrompu des hommes savoit supporter tous les travaux et s'imposer toutes les privations.

» C'est cette fureur du luxe et des jouissances, cette déflagration de tous les vices qui a ranimé dans l'état l'esprit empoisonné des monarchies avec lequel on tue la république et on entretient nos revers. Pour préparer le triomphe des barbares il falloit déshonorer le nom français ; il falloit faire dévorer l'Italie par des exacteurs odieux ; il falloit y envoyer des hommes, l'opprobre de leur pays, dignes de l'horreur de toutes les nations ; il falloit priver dès le berceau la république Cisalpine de sa liberté, proscrire ses mandataires, y substituer des esclaves du pouvoir, traiter en un mot des hommes qu'on avoit flatté de l'indépendance avec plus de cruauté que n'eût fait le vainqueur le plus impitoyable. Quels furent les effets de toutes ces mesures qu'on s'est efforcé d'accomplir à la lettre ? Campagnes de Naples, murs de Turin, de Milan et de Mantoue, que présentez-vous à nos regards ? des milliers de vos concitoyens égorgés, d'autres plus malheureux encore entassés dans les cachots, en attendant l'heure de leur supplice ; l'ami de la liberté, ne trouvant ni un asyle pour se dérober aux assassins, ni un vaisseau pour fuir loin d'une terre souillée de crimes ; des lâches cruels par crainte ; se constituant pour plaire aux barbares les bourreaux de leurs concitoyens.

» Malheureuse Ausonie serois-tu condamnée à gémir encore sous de nouveaux Attila. La plus étonnante des conquêtes de la révolution n'auroit-elle servi qu'à offrir au monde le singulier contraste de tes libérateurs punis par l'exil ; déportés sur les sables brûlans de l'Afrique ; expirant par la plus terrible des agonies le crime d'avoir aimé la liberté et de l'avoir défendue.

» Ici, je n'oublierai pas une circonstance de la vie de Joubert, qui n'est pas pour lui la moins honorable. Une contre-révolution qu'on n'avoit tentée à Milan que pour la répéter à Paris, avoit sur-tout exaspéré les patriotes cisalpins. Joubert aima mieux donner sa démission que de se rendre complice de la tyrannie. Il ne ressembloit point à ces guerriers qui ne connoissent que l'obéissance passive. Il savoit qu'un soldat républicain ne doit jamais s'isoler du peuple, qu'il n'a pris les armes que pour le défendre et non pour l'opprimer.

» Il s'effectua ce changement oligarchique ordonné par l'ancien directoire, mais Joubert n'étoit plus à la tête des armées, et sa retraite faisoit suffisamment connoître combien lui étoit odieuse la conduite qu'on tenoit envers des alliés. Il attendoit dans ses foyers, non un changement qui lui rendît le poste éminent qu'il avoit quitté, mais une crise salutaire qui sauvât la liberté. Il ne balança point à reprendre le commandement. La patrie couroit de trop grands dangers pour qu'il ne se fit point un devoir de venir à son secours.

» O combien ce dévouement lui a été fatal ! N'attendez pas de moi , citoyens , que je vous fasse le triste tableau du plus terrible et du plus sanglant des combats que cette guerre ait vû livrer ; que je vous peigne les français luttant avec l'énergie du désespoir contre un ennemi supérieur en nombre ; une seule mort absorbe toute l'attention , épuise tous les regrets. On oublie toutes les autres pertes , pour ne gémir que sur celle de Joubert. Les yeux de nos guerriers sont baignés de larmes. Bientôt cette funeste nouvelle se répand , la consternation devient générale , les cœurs des républicains sont oppressés , l'abbattement qui se peint sur leur visage , accroît la joie cruelle de leurs ennemis.

,, Rappelez-vous, citoyens, les derniers mots de ce général expirant sur le champ de bataille. *Camarades , c'est vers l'ennemi qu'il faut avancer.* Insensible pour lui-même dans ces derniers instans, la patrie seule l'occupe. Le voile de la mort s'étend sur ses yeux , et les derniers élans de son ame sont consacrés à la liberté.

,, Tu n'es plus ! jeune héros, excellent citoyen , républicain digne d'un meilleur tems ; les soldats que tu commandois ne seront plus animés par ta voix , par ton exemple ; mais ton esprit vivra au milieu d'eux. Le souvenir de tes actions enflammera leur courage , celui de ta mort réveillera dans leur cœur les transports de la vengeance. Ils ne s'approcheront point des bataillons barbares , sans desirer de devenir tes émules.

,, Jeunes conscrits que la patrie appelle à son secours, ne soyez point insensibles à sa voix. Que les sauvages du Nord n'aient point à se féliciter de longs succès. S'il est des insensés qui puissent souhaiter la ruine de la patrie , des monstres féroces dont les vœux appellent la dévastation de la France, le massacre de leurs concitoyens et la servitude de leur postérité , ces êtres dégradés ne forment qu'une très-petite partie de la nation ; le reste est disposé à s'ensevelir sous les débris de la république , plutôt que de souffrir qu'on porte atteinte à son indépendance , qu'on anéantisse ses lois , qu'on rétablisse l'odieuse royauté. Le sang des héros ne sera pas perdu pour nous ; les Marceau , les Hoche , les Joubert trouveront des imitateurs ».

Ce discours a été également applaudi. La réunion , après avoir arrêté l'impression de l'un et de l'autre , et leur envoi à toutes les autorités constituées du département de l'Ain , s'est dissoute aux cris répétés de *vive la république , vive la constitution de l'an III ; honneurs immortels à la mémoire du général Joubert.*

Liste des citoyens qui ont assisté à la réunion.

GAUTHIER.

GROS-CASSAND-DORIMOND.

VEZU.

TARDY.

RIBOUD.

GIROD (du Léman), représentans du peuple , députés de l'Ain.

MERLINO.

ROYER.

BRILLAT-SAVARIN.

SONTHONAX.

GIROD (de Thoiry) , ex-législateurs.

LALANDE , membre de l'Institut national.

COSTE , médecin en chef des Invalides.

SIBUET , juge au tribunal de Cassation.

HUMBERT , adjudant de la garde du directoire.

VEZU , lieutenant des grenadiers du directoire.

AUBRY , chef de bataillon d'artillerie.

SIBUET , lieutenant au seizième régiment.

PIQUET.

DESPRÉS (JEAN-BAPTISTE).

HUDELET (ÉTIENNE).

COTTON.

HUGON.

BAL , dit TOSOLET.

DUSSAUGEY.

DUFOISAT.

PONCET.

CIVOCT.

LIVET.

MODAS.

CABUCHET.

RUBAT , imprimeur.

COSTAZ.

MONNIER.

BICHAT.

CHENEVIER.
MEYNIER.
JUVANON.
RICHERAND.
SEYSIRIAT.
SIBUET, cadet.
BUGET.
BAILLAT.
BOUVEYRON.
PITHIOD.
PATÉ.
MÉRY, négociant.
GOYON (BENOIT-JOSEPH).
BONNIÈRE.
PAGÈS.
SAMYON, père.
HORRY.
BUCLET (AIMÉ).
MICHARD.
THIOT, négociant.
GAMBIN.
PHILIBERT, horloger.
JOURDAN.
VEZU (PHILIBERT).
GIROD (AMÉDÉE).
DOMBEY.
CABUCHET (ÉTIENNE)·
BARQUET.
VARENNES.
OBRIEN.
MORARD DE MEILLONAS.

MONTBARBON.
CHEVILLOTTE.
GRAND (de Bourg).
GRAND (de Montluel).
BERLIOZ, aîné.
BERLIOZ, cadet.
MOSSÈRE.
MERCEY.
JOURDAN.
MONTEGRE.
BESSON.
VOLAND, commissaire des guerres.
TAVEL.
BARBIER, capitaine d'artillerie.
DELACROIX.
MADOL.
REY.
CREVET.
PAILLARD.
CURTIL.
PERRIN.
BAILLOD.
RECAMIER, officier de santé.
BRAVARD.
DAUBARÈDE.
BOUZELIN, juge de paix de la section du Mont-Blanc.
NOGARET, artiste, etc.

De l'imprimerie de J.-P. BRASSEUR, rue Honoré, n°. 43.

www.ingramcontent.com/pod-product-compliance
Ingram Content Group UK Ltd.
Pitfield, Milton Keynes, MK11 3LW, UK
UKHW021201230726
13926UKWH00001B/225

9 782014 082517